COLLECTION DE FEU M. ALFRED PIET

DESSINS
ANCIENS

PRINCIPALEMENT

DE VIGNETTES ET PORTRAITS
DES XVIIIe ET XIXe SIÈCLES

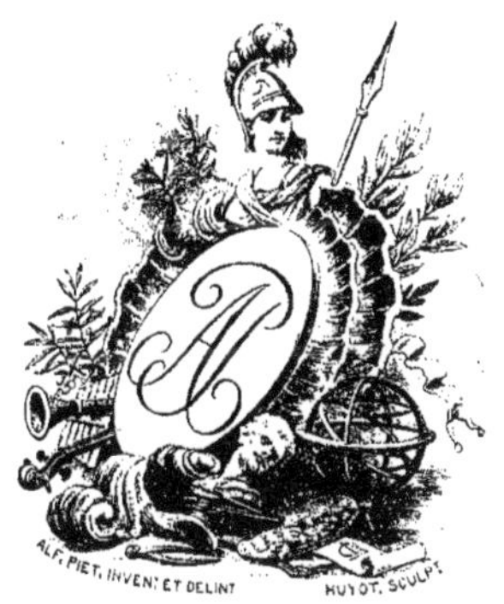

COMMISSAIRES-PRISEURS

Me MAURICE DELESTRE	Me LOUIS NAVOIT
5, rue Saint-Georges, 5	55, rue du Faubourg Montmartre, 55

EXPERT

M. DUPONT aîné, marchand d'Estampes, 15, rue de Seine

CATALOGUE (N° 178)

DE

DESSINS

ANCIENS

PRINCIPALEMENT

DE VIGNETTES ET PORTRAITS

PAR OU ATTRIBUÉS A

BOREL — J. CALLOT — C.-N. COCHIN — DESRAIS — DEVÉRIA — DUGOURE
Ch. EISEN — GRAVELOT — Alf. JOHANNOT — LE BARBIER
Séb. LE CLERC — A. LYNCH — MARILLIER — Ch. MONNET — B. PICART
C. ROQUEPLAN — les SAINT-AUBIN — A. SANDOZ — Em. WATTIER
etc.

Composant la Collection de feu ***M. Alfred PIET***

Ancien Archiviste-Trésorier de la **Société des Amis des Livres**

(TROISIÈME PARTIE)

DONT LA VENTE AURA LIEU

HOTEL DES COMMISSAIRES-PRISEURS

Rue Drouot, Salle n° 8

LE MERCREDI 7 MAI 1902

A DEUX HEURES PRÉCISES

COMMISSAIRES-PRISEURS

M° MAURICE DELESTRE	M° LOUIS NAVOIT
5, rue Saint-Georges, 5	55, rue du Faubourg Montmartre, 55

EXPERT

M. DUPONT aîné, marchand d'estampes, 15, rue de Seine

PARIS — 1902

IMPRIMERIE MODERNE
H. BOUCHARDEAU, DIRECTEUR
CHATEAU-THIERRY

CONDITIONS DE LA VENTE

Elle sera faite au comptant.

Les acquéreurs paieront *dix pour cent* en sus des enchères.

M. Dupont, chargé de la vente, se réserve la faculté de réunir ou de diviser les lots.

Pour les dessins, les attributions de l'amateur ont été conservées.

ORDRE DE LA VACATION

Dessins		*Nos 1 à 6*
—		*8 à 16*
—		*18 à 102*
—	*J. Callot*	*7*
—	*C.-N. Cochin*	*17*
Dessins en lots		*103 à 125*

DÉSIGNATION

BERGERET

1 — *Vignettes pour la* Jérusalem délivrée, *du Tasse, in-8.*

4 dessins à la sépia. — Plus 2 dessins de Desenne, pour *Tobie*, de Florian, à la mine de plomb.

2 — *Suite de 12 vignettes pour un Roman, et 16 pour une* Histoire des Voyages, *in-8.*

Ensemble : 28 dessins à la sépia.

3 — *Sujets historiques et autres pour illustrations, in-8.*

106 dessins à la sépia.

BINET

4 — *Figures pour les Œuvres de Rétif de la Bretonne, in-12.*

2 dessins à l'encre de Chine.

BOREL

5 — *Portrait de Louis Gillet, maréchal des logis, in-4.*

Aquarelle. A été gravée par Gaucher : Encadrée.

BOURDET

6 — *Dessins pour une* Histoire universelle, *in-4*.

24 dessins à la mine de plomb, signés. Ont été gravés. — Plus 34 dessins d'entourages également à la mine de plomb.

CALLOT (Jacques)

7 — *Sujets religieux, costumes, batailles, vues, in-12.*

1 vol. obl. rel. v. tr. dorée, contenant 8 petits dessins très finement exécutés à la sanguine. Chaque dessin est entouré d'un lavis à l'encre de Chine formant cadre.

CAZENAVE

8 — *Henri IV quittant Gabrielle d'Estrées pour se rendre à la guerre, in-fol.*

A la sépia. Signé.

CHALLE (Noël)

9 — *Dessins originaux pour* Christophe Colomb ou l'Amérique découverte, *poëme en 24 chants par Bourgeois de la Rochelle, édition Moutard, 1773, in-8.*

1 vol. demi-rel. maroq. poli dos et c. tête dorée, contenant la suite complète des 26 dessins à la mine de plomb sur peau de vélin. Signés : *Noël Challe inv. et fec.*

CHALLIOU

10 — *Vignettes pour différents ouvrages, in-8.*

39 dessins à l'encre de Chine, dont plusieurs sont signés.

CHASSELAT

11 — *Vignettes, la plupart pour les Œuvres de Berquin, in-8.*

39 dessins à la sépia. La majeure partie sont signés.

CHASSELAT et autres

12 — *Vignettes pour différents ouvrages, in-8.*

51 dessins à la sépia et à l'encre de Chine.

CHOFFARD (P.-P.)

13 — *Cul-de-lampe avec guirlandes de roses et de lauriers; au centre les initiales* F.-H.-L. — *4 culs-de-lampe pour les* Contes de Lafontaine, *édition des Fermiers généraux et 2 études de fleurs et d'oiseaux.*

7 dessins à la plume et à la sépia.

CHOQUET

14 — *Suites complètes de dessins pour* Guzman d'Alfarache, Estevanille *et le* Bachelier de Salamanque, *de Lesage, in-8.*

1 vol. cart. toile, contenant 18 dessins à la sépia (6 pour chaque ouvrage). Signés et datés 1819 et 1820.

CHOQUET

15 — *Sujets historiques, in-8.*

5 dessins à l'encre de Chine et à la sépia.

16 — *Portrait de Buffon, frontispice allégorique.*

Dessin à l'encre de Chine. Signé et daté. — Plus 8 petits dessins du même. A la sépia.

COCHIN (C.-N.)

17 — *Dessins allégoriques de l'Histoire de France, in-4.*

1 vol. rel. maroq. dent. sur les plats, doré sur tr. Contenant les 24 dessins originaux pour le *Nouvel Abrégé chronologique de l'Histoire de France* du président Hénault, gravés en réduction in-8 par Prévost, Aliamet et Rousseau. Ils sont presque tous signés : *C.-N. Cochin del.* et datés de 1765 à 1773 et ont été montés par Glomy dont ils portent la marque. On y a ajouté le dessin original du portrait du président Hénault par Cochin qui a été gravé par Gaucher et se trouve en tête de l'ouvrage.

18 — *Sujets mythologiques pour plafonds et un frontispice allégorique.*

1 vol. demi-rel. maroq., contenant 10 dessins à la pierre noire dont un à l'encre de Chine, non signés.

19 — *La Cène. — Saint-Paul prêchant à Athènes. — Les quatre Évangélistes.*

3 dessins à la plume, signés. — Plus un autre sujet religieux, à la mine de plomb.

20 — *Portrait de G.-M. Guérin, chirurgien.*

Dessin à la mine de plomb. A été gravé par Gaucher. Collection du docteur Roth.

COLIN

21 — *Dessins pour les* Incas, *de Marmontel, in-fol.*

4 dessins à la plume lavés de sépia.

COLIN (attribué)

22 — *Vignettes pour les Œuvres de Lesage, et* Le Mariage de Figaro, *de Beaumarchais.*

32 dessins à la sépia sur quatre feuilles.

COLNE

23 — *Suite de 56 dessins pour les Œuvres de Racine, d'après les compositions de Gérard, Girodet et autres, réductions in-12.*

A la mine de plomb, très finement exécutés et montés in-4.

COQUANTIN

24 — *Portrait de Choderlos de Laclos, d'après Carmontelle, in-8.*

A la sépia. Signé et daté 1831.

COQUANTIN

25 — *Histoire de France : 110 portraits de Rois et Reines de France, en pied, sur 26 feuilles.*

A la sépia. Signés.

DEBUCOURT (attribué)

26 — *La pêche; paysage.*

A la sépia.

DELAISTRE (L.)

27 — *Portraits du duc de Bourgogne. — Copies d'après A. Durer, Woeiriot, Raphaël et Picot, in-4.*

6 dessins à la mine de plomb. Signés.

DELIERRE (Aug.)

28 — *Vignettes pour les* Fables de Lafontaine, *publiées par Quantin, in-4.*

4 dessins à l'aquarelle.

DESENNE (A.)

29 — *Vignettes pour* Aline, *reine de Golconde, in-8 et in-12.*

4 dessins à la sépia. Ont été gravés.

DESRAIS (C.-L.)

30 — *Suite complète de 3 dessins pour* Gil Blas, *de Lesage, in-8.*

A la plume, lavés d'encre de Chine et rehaussés de blanc. — Plus 8 autres dessins : figures de Saints et d'Apôtres.

31 — *Vignettes pour les Fables de Lafontaine, in-8.*

3 dessins à la plume, lavés de sépia, signés et datés 1773. Encadrés.

DEVERIA (Ach.)

32 — *Suite de 21 vignettes en-têtes de pages, pour les* Aventures de Télémaque, *in-12.*

A la sépia. (Il manque les dessins des Livres XIII, XV et XXI pour que la suite soit complète).

33 — *Vignettes pour* Ulysse, Iphigénie *et* Athalie, *de Racine, in-8.*

3 dessins à la sépia, rehaussés de blanc. Signés et datés 1827.

34 — *Vignettes pour les* Incas, *le* Voyage du jeune Anacharsis, *la* Sainte Bible *et les Œuvres de Mme Campan, in-8.*

6 dessins à la sépia. Plusieurs sont signés. — Plus l'entourage du *Calendrier Dauphin*, publié par Lefuel, en 1820, à la sépia.

35 — *Portrait de Cervantès, pour l'édition Delongchamps, 1825, in-8.*

A l'encre de chine. On y a joint les portraits de Bitaubé, Homère et Charles VII. A la sépia, signés.

DEVERIA & PAUQUET

36 — *Figures pour* Don Quichotte, *in-8.*

10 dessins à la sépia et à l'encre de Chine. Plusieurs sont signés.

DUBOUCHET (H.)

37 — *Suite complète de 12 figures pour les Œuvres de Racine, in-8.*

Dessins inédits à l'encre de Chine. Signés.

DUBOULOZ

38 — *Les mois. — Les saisons. — Calendriers.*

25 dessins presque tous à la sépia.

DUBOURG

39 — *Sujets mythologiques et Signes du zodiaque, in-4.*

13 dessins à l'encre de Chine.

DUCOUDRAY

40 — *Frontispice de l'*Histoire des Religions, *in-4.*

Dessin à la pierre noire, rehaussé de blanc sur papier bleu. A été gravé par Pauquet.

DUGOURE

41 — *Figures en travers pour les* Aventures de Télémaque, *in-8.*

4 dessins à la sépia. Ont été gravés.

DUNKER

42 — *Cul-de-lampe; imitation de celui de Marillier pour* Almanzi, *in-8.*

Dessin à l'encre de Chine. On a ajouté le cul-de-lampe d'après Marillier, en tirage hors texte.

DUPIN (Alice), HUART, etc.

43 — *Modes enfantines de 1864 à 1889, in-4.*

1 vol. demi-rel. v. dos et coins, tête dorée, non rogné, contenant 38 dessins à l'aquarelle.

DUPLESSIS-BERTAUX

44 — *Scène de la Révolution, en forme de frise.*

A l'encre de Chine.

EISEN (Charles)

45 — *Frontispice pour les Œuvres de Grécourt, 1761, in-12.*

Dessin à la mine de plomb sur vélin. Signé *Eisen d'.* — Plus 5 petits en-têtes et une vignette sur parchemin un peu effacée.

46 — *Le Jugement de Paris.*

A la pierre noire, lavé d'encre de Chine.

FOKKE & FOLKEMA

47 — *Vignettes allégoriques, in-8.*

2 dessins à la mine de plomb et à l'encre de Chine. Signés.

FRILLEY

48 — *Portraits de l'abbé Prévost, La Rochefoucauld et Marmontel, in-8.*

3 dessins à la sépia. Ont été gravés.

GAUCHER (C.-S.)

49 — *Portrait du comte d'Hartig, en buste, in-8.*

Dessin à la mine de plomb, différent de celui qui a été gravé.

50 — *Portrait de Simon, cordonnier, gardien de Louis XVII au Temple. — Médaille de la Société philotechnique.*

2 dessins à la mine de plomb. — Plus un saule pleureur avec profil de Louis XVI et de sa famille à l'aquarelle; avec la gravure.

GRAVELOT (Hubert)

51 — *Fleurons, en-têtes et culs-de-lampe.*

1 vol. in-8 cart., contenant 13 dessins et croquis à l'encre de Chine, à la sépia et à la mine de plomb, dont la plupart ont été gravés.

GUGLIELMI

52 — *Tauromachie; suite de sujets, in-fol.*

8 aquarelles, signées et datées 1829.

JOHANNOT (Alfred)

53 — *Dessins pour illustrer les* Aventures du chevalier de Faublas, *par Louvet, in-8.*

3 aquarelles. Signées.

54 — *Vignettes pour* Tom Jones, *de Fielding, in-8.*

2 aquarelles. — Plus 64 croquis à la mine de plomb sur 7 feuilles, par Tony Johannot, pour l'illustration de *Don Quichotte*, édition Dubochet, 1836.

LANGLOIS (E.-H.) & NICOLLE

55 — *Scène Normande. — Oratoire près de Palerme, in-4.*

2 dessins à la pierre noire et à la sépia. Signés.

LAPI (Ang.-E.)

56 — *Sujet tiré des* Odes *d'Horace, in-4.*

Gouache, signée et datée 1796. Encadrée.

LE BARBIER l'aîné

57 — *Dessins de vignettes pour les Œuvres de Gessner, 1786, in-4.*

1 vol. demi-rel. maroq. poli, dos et coins, tête dorée, non rogné, contenant 38 dessins à la sépia rehaussés de blanc et à l'encre de Chine. — Plus la suite des 76 vignettes de l'édition en très belles épreuves avant les numéros entre lesquelles les dessins se trouvent intercalés.

58 — *Vignettes pour les Œuvres de Gessner, in-4.*

3 dessins à la sépia rehaussés de blanc; ont été gravés. Encadrés.

LE BOUTEUX

59 — *Frontispice du tome II des* Chansons de Laborde *avec son portrait dans le médaillon, qui a été remplacé dans la gravure par celui de Marie-Antoinette, in-8.*

Au crayon et à l'encre de Chine.

LE CLERC (Sébastien)

60 — *Figures de la Passion de N.-S. Jésus-Christ. Présentées à Mme la marquise de Maintenon par son très humble et très obéissant serviteur Sébastien Leclerc. A Paris, chez Audran, graveur.*

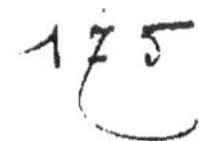

1 vol. in-8 obl. maroq. gr., milieu orné, dent. int. tr. dorée (Masson-Debonnelle), contenant 9 dessins à la plume et à la sanguine, lavés d'encre de Chine, intercalés dans la suite complète des 36 gravures en épreuves du 2e état avant la bordure. Collection de M. Ed. Meaume.

61 — *Reddition d'une ville à Louis XIV, in-8.*

A la plume, lavé d'encre de Chine. Cadre en bois sculpté.

62 — *Esther devant Assuérus, in-4.*

Croquis à la sanguine contenant de grandes différences avec le sujet gravé. — Plus le frontispice de la *Vie des Saints*, avec petits sujets dessinés à l'encre de Chine.

LE PRINCE (attribué)

63 — *Les mois; allégories, in-4.*

11 dessins à la plume, lavés de sépia. — Plus 3 paysages aussi à la sépia. Signés.

LEVILLY

64 — *Six sujets en travers sur la même feuille pour* Paul et Virginie, *in-8.*

A l'encre de Chine et à la sépia. Signés.

LOUTERBOURG

65 — *L'Ane chargé de reliques, in-4.*

Dessin à l'encre de Chine. — Plus un dessin de l'école de Coypel : *L'Amour et Psyché*, à l'encre de Chine rehaussé de blanc, in-fol.

LYNCH (Albert)

66 — *Compositions pour* Aline, *reine de Golconde, réduites et publiées par la* Société des Amis des Livres, *in-12.*

3 dessins à l'encre de Chine rehaussés de blanc, de format in-fol. Signés.

MARILLIER (P.-C.)

67 — *Suite de dessins pour les Œuvres choisies de l'abbé Prévost, publiées en 1783-1787, in-8.*

1 vol. demi-rel. maroq. poli, dos et c. tr. dorée. Contenant 55 croquis à la plume intercalés dans la suite complète des 77 figures et un portrait en très belles épreuves du 1er état avec les noms d'artistes à la pointe, toutes marges.

« La collection des dessins originaux provenant de la vente Renouard fait partie de la Bibliothèque de feu M. le baron J.-E. de Rothschild. »

68 — *Portrait de Crébillon. — 2 vignettes pour* Guzman d'Alfarache *et 2 autres, in-8.*

Ensemble 5 croquis à la plume.

69 — *Cul-de-lampe pour les* Illustres français. — *2 autres pour les* Fables *de Dorat et les* Saisons.

3 dessins à l'encre de Chine et à la mine de plomb.

MARILLIER (attribué)

70 — *Cadre du Portrait de Lamoignon Malesherbes, in-8.*

Dessin à l'encre de Chine ; on y a joint le portrait gravé par Gaucher.

71 — *Figures pour les* Incas, *de Marmontel, in-8.*

2 dessins à l'encre de Chine.

MASSARD (Léopold)

72 — *Portraits de Boileau et de Pierre Corneille tirés des* Galeries historiques de Versailles, *in-8.*

2 dessins à la mine de plomb. On y a joint les gravures.

MONNET (Ch.)

73 — *Figures pour les* Aventures de Télémaque, *in-4.*

2 dessins à l'encre de Chine. Ont été gravés par Tilliard.

74 — *Vignettes pour l'*Abrégé de l'histoire universelle *en figures, par Vauvilliers, 1785, in-8.*

1 vol. demi rel. maroq. poli, dos et c. Contenant 36 dessins à l'encre de Chine sur 15 feuilles, signés. Ont été gravés.

75 — *Portrait de Charles Palissot, in-8.*

Aquarelle. A été gravée par Choffard. Encadrée.

MONNET (Ch.)

76 — *Napoléon à Austerlitz. — Entrée des Français à Berlin, in-8.*

2 vignettes à l'encre de Chine dont une signée.

MONSIAU et MALVIEUX

77 — *Vignettes, in-8.*

2 dessins à l'encre de Chine. Signés. — Plus une vignette : *La Rive*, attribuée à Borel.

MOREAU le Jeune (attribué)

78 — *Henri IV et Gabrielle; scène tirée de la* Henriade, *in-4.*

Aquarelle. Encadrée.

PAUQUET

79 — *Vignettes pour les* Fables de La Fontaine, *édition Bédelet, in-12,*

8 dessins à l'encre de Chine et la sépia. On y a joint les lithographies.

PICART (Bernard)

80 — *Diane : dessin entouré de médaillons, in-4.*

A la plume lavé d'encre de Chine.

PILATTE (Ch.)

81 — *Modes : Robes de bal et costumes de 1850 à 1880, in-4.*

4 vol. demi-rel. chagr., tête dorée, non rognés, contenant 375 dessins à l'aquarelle.

PILATTE, LEDUC, etc.

82 — *Dessins de modes de 1853 à 1880, in-4.*

6 vol. demi-rel. maroq., tête dorée, non rognés, contenant ensemble 417 dessins à l'aquarelle.

PRUNAIRE (A.)

83 — *Figures pour le* Songe de Poliphile, *in-12.*

15 dessins à la mine de plomb et à la sanguine, d'une grande finesse, réduction des figures in-fol. de l'édition de Kerver, 1546.

RAFFET

84 — *Portrait de Mme Raffet en pied, in-8.*

Dessin à la plume lavé de sépia. Signé. — Plus un croquis d'éventail, sujet du moyen-âge, à la pierre noire, et 2 vignettes pour les *Chansons de Béranger*, attribués à Charlet.

RANSON

85 — *Arabesques, in-fol.*

Dessin à la gouache.

ROQUEPLAN (C.)

86 — *Scènes du moyen-âge, in-8.*

6 aquarelles. Signées.

SADELER

87 — *Saint-Pierre. — Saint-Guillaume, in-4.*

2 dessins à l'encre de Chine rehaussés de blanc sur papier bleu. Collection Pierre Visscher.

SAINT-AUBIN (Aug. de)

88 — *Cadre pour un portrait. — Carte d'adresse.*

2 dessins à la plume, lavés de sépia.— Plus 4 portraits : Mably, Malherbe, Montaigne et Montesquieu, à la mine de plomb.

SAINT-AUBIN (Gabriel de)

89 — *Narcisse dans l'île de Vénus; vignette pour le poëme de Malfilâtre, in-8.*

Dessin à la mine de plomb. Signé : *Gabriel de Saint-Aubin f.* Collection de M. le baron Portalis.

90 — *Vignette pour* Numa Pompilius, *in-12.*

A la mine de plomb. Cette vignette agrandie in-4, a été gravée par Tardieu dont on a joint une épreuve à l'eau-forte pure.

SALVATOR ROSA (attribué)

91 — *Costumes militaires et autres.*

1 cahier contenant 52 dessins à la plume. — Plus 2 dessins de forme ronde à l'encre de Chine.

SANDOZ (Aug.)

92 — *Portraits de l'impératrice Joséphine, en pied dans un paysage; la princesse Borghèse, Eugène de Beauharnais à cheval et le maréchal Mortier, pour l'*Histoire du Consulat et de l'Empire, *publié par Furne, in-8.*

4 dessins à la pierre noire, lavés d'encre de Chine. On y a joint plusieurs gravures.

93 — *Portrait du Grand Frédéric, roi de Prusse, in-8.*

A la pierre noire et à l'encre de Chine. On y a joint la gravure.

SAUVAGEOT et C. SEGHERS

94 — *Jeune fille tricotant. — Frontispice d'un livre romantique, in-fol.*

2 dessins, aquarelle et sépia. Signés.

SEYFERT

95 — *Paysages, in-8.*

2 gouaches de forme ronde, signées. Encadrées.

TEXIER (G.)

96 — *Idylle, in-4, ovale.*

A la sépia, signée. Encadrée.

VALLOT

97 — *Portraits de Napoléon Ier et du roi de Rome, de profil.*

2 dessins à la mine de plomb, dont un signé.

98 — *Portrait de Napoléon Ier, vignettes et sujets divers.*

1 album cart. contenant 35 dessins à la pierre noire. Signés.

WATELET (C.)

99 — *Portrait de J.-J. Rousseau, in-4.*

Dessin à la pierre noire. Avec une épreuve avant la lettre du portrait avec entourage gravé à l'eau-forte par lui-même.

WATTIER (Emile)

100 — *Scène de* Gil Blas, *in-fol.*

Sépia et encre de Chine, rehaussé de blanc.

101 — *Vignette pour une* Histoire de Napoléon, *in-8.*

A la pierre noire et à la sépia. Signé.

WATTIER et SANDOZ

102 — *Adam et Eve chassés du Paradis terrestre, frontispice. — Le même sujet, vignette, in-8.*

2 dessins à la sépia et à la pierre noire. Signés.

DESSINS DIVERS

103 — *Médailles de la République de 1789, avec revers. — Sceau de Charles IX.*

3 dessins à l'encre de Chine.

104 — *Entourage du portrait de Jéliote, acteur, in-8.*

A l'encre de Chine. On y a joint la gravure.

105 — *Portraits.*

27 pièces.

106 — *Costumes de divers ordres religieux français et étrangers, in-12.*

1 vol. rel. parch. dent., contenant 68 dessins peints à la gouache sur parchemin.

107 — *Costumes turcs exécutés au* XVIIe *siècle, in-4.*

1 vol. demi-rel. contenant 45 dessins à l'aquarelle.

108 — *Costumes italiens, in-4.*

1 vol. cart., contenant 40 aquarelles.

DESSINS DIVERS

109 — *Costumes italiens, attribués à Dom. Papéty.*

18 aquarelles.

110 — *Travestissements et costumes de la Comédie italienne, in-4.*

1 recueil cart., contenant 58 aquarelles.

111 — *Cadres, ornements, meubles, broderies, fleurs.*

63 pièces.

112 — *Compositions pour le* Faust *de Goëthe, in-4.*

1 vol. demi-rel. v., dos, etc. Contenant 26 dessins à la plume sur papier calque.

113 — *Sujets tirés des œuvres de Goëthe, in-8.*

1 vol. demi-rel. maroq., dos et c. Contenant 9 dessins à la plume d'une grande finesse. Ces dessins ont été gravés en Allemagne.

114 — *Vignettes tirées d'ouvrages pour l'enfance, in-8.*

18 dessins à la mine de plomb et à la sépia.

115 — *Vignettes et sujets religieux.*

60 dessins.

116 — *Vignettes diverses.*

28 pièces.

117 — *Sujets religieux et paysages.*

1 vol. demi-rel. v. Contenant 64 dessins à la plume et à la mine de plomb.

118 — *Vues de Rome, Naples et l'île de Malte, vers 1820, in-4.*

1 vol. demi-rel. v., dos et coins. Contenant 25 aquarelles montées sur onglets.

119 — *Vues de Naples, Palerme, Pompéï, in-8.*

1 vol. cart. parch. vert. Contenant 54 dessins à la gouache sur 27 feuilles. Provenant de la Bibliothèque de la duchesse de Berry.

120 — *Vues et paysages.*

90 pièces.

121 — *Paysages peints à l'huile sur carton.*

5 pièces.

122 — *Dessins anciens.*

30 pièces.

123 — *Aquarelles.*

45 pièces.

124 — *Dessins modernes.*

60 pièces.

125 — *Dessins divers.*

Environ 150 pièces.

www.ingramcontent.com/pod-product-compliance
Ingram Content Group UK Ltd.
Pitfield, Milton Keynes, MK11 3LW, UK
UKHW020510180726
13839UKWH00005B/2001

9 782329 485447